LA RUE AUX TROIS POUSSINS/
LE MARI DE MÉLIE

GEORGES SIMENON

LA RUE AUX TROIS POUSSINS/LE MARI DE MÉLIE

Rédacteur: Hanne Blaaberg
Illustrations: Per Illum

Les structures et le vocabulaire de ce livre sont fondés sur
une comparaison des ouvrages suivants :
Börje Schlyter : Centrala Ordförrådet i Franskan
Albert Raasch : Das VHS-Zertifikat für Französisch
Etudes Françaises – Echanges
Sten-Gunnar Hellström, Sven G. Johansson : On parle français
Ulla Brodow, Thérèse Durand : On y va

Rédacteurs de serie :
Ulla Malmmose et Charlotte Bistrup

Dessin de la couverture : Mette Plesner

Illustration de la couverture : Per Illum

Copyright © Georges Simenon
© 1985 par ASCHEHOUG/ALINEA
ISBN Danemark 978-87-23-90088-3
www.easyreader.dk

Imprimé au Danemark par
Sangill Grafisk Produktion, Holme Olstrup

GEORGES SIMENON

est né à Liège, en 1903, d'une famille d'origine bre-
tonne et d'alliance hollandaise. Amené très jeune à
gagner sa vie, il se trouve mêlé à des milieux fort
divers. A l'âge de vingt ans, il vient à Paris, où il
débute dans le roman populaire, sous différents
pseudonymes. Mais c'est en 1929-30 que Simenon
devient vraiment lui-même. Il compose un récit,
PIETR LE LETTON, où apparaît pour la première fois la
silhouette du fameux commissaire MAIGRET. Dès
lors vont se succéder des romans courts, les uns
dominés par Maigret, ayant pour centre un drame
policier, les autres formant des études de milieux,
de cas, de caractères.

Simenon a souvent été appelé «l'avocat des hommes» et si ses œuvres touchent tous les lecteurs,
dans tous les pays, c'est à cause de leur réalisme,
de leur poésie et de l'immense don de compréhension
de l'auteur. Simenon cherche toujours, à travers le
commissaire Maigret, à défendre l'homme, soit-il le
coupable ou la victime, il cherche à vivre avec les
êtres et pour ainsi dire «en» eux.

Après ses années parisiennes coupées de voyages,
Simenon a longtemps résidé aux Etats-Unis. En
1955 il revient en Europe où il s'installe d'abord sur
la Côte d'Azur, puis, en 1957, en Suisse dans sa
propriété près de Lausanne, où vient de naître son
200ᵉ MAIGRET.

LA RUE AUX TROIS *POUSSINS*

un poussin

Il y a un quart d'heure que Mme Romond a lavé ses deux *marches* et sa part de *trottoir*.

La semaine passée, l'agent de police est allé de maison en maison pour rappeler aux gens qu'ils devaient *arracher* l'*herbe* entre les *pavés*. Pendant toute une journée, on a entendu le bruit des couteaux contre la pierre.

Maintenant, ils sont là, la tête en bas, le *derrière* en l'air, comme trois poussins qui *picorent*.

Ils ne vont pas encore à l'école. Albert, qui a des cheveux de fille, n'a pas cinq ans; Renée, une vraie fille, vient d'avoir quatre ans, et Bilot, qui s'appelle Charles, mais qu'on a toujours appelé Bilot, est le plus poussin des trois.

Ils ne voient rien, n'entendent rien.

Une fenêtre, au premier *étage* de la maison d'en face, est ouverte, et de temps en temps,

---

une marche, un trottoir, de l'herbe, un pavé, un derrière, un étage, voir illustration pages 8 et 9
arracher, enlever
picorer, chercher qc à manger

une femme *apparaît* pour jeter un *coup d'œil* aux enfants.

Les trois poussins ont commencé un grand travail. Ils ont trouvé des bouts d'allumettes et ce sont leurs seuls *outils*. Comme les grandes personnes le faisaient la semaine passée avec des couteaux, ils *grattent* la terre entre les pavés.

Mais, pour eux, ce ne sont plus des pavés : ce qu'ils font, ce sont des *canaux* pour conduire l'eau de Mme Romond jusqu'à un pavé plus bas que les autres.

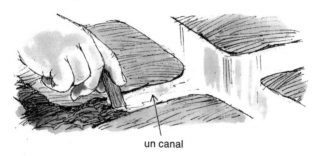

un canal

Tout à l'heure, la dernière fois qu'elle est venue à la fenêtre, la mère de Bilot a crié:
– Tu vas *te salir…*

apparaître, se montrer
un coup d'œil, regard
un outil, instrument qui sert à faire un travail
gratter, enlever (la terre)
tout à l'heure, ici : il y a un moment
se salir, devenir sale

Il n'a pas entendu, ou il a *fait semblant de ne pas entendre.* Il n'a même pas levé la tête.

Voilà qu'une ombre se dessine sur le trottoir, l'ombre d'un «grand», qui reste *immobile* derrière les trois poussins. Pendant de longues secondes encore, Bilot continue le travail, puis enfin, il suit l'ombre du regard et voit d'abord deux pieds, un pied comme les autres, puis un pied *difforme.*

C'est Cendron. Il est nouveau dans la rue. On l'a vu s'installer avec sa mère au second étage du 3, et on ne sait pas d'où ils viennent.

Est-ce que Cendron est déjà un homme? Il

---

faire semblant de ne pas entendre, faire comme si on n'entendait pas
immobile, sans mouvements
difforme, qui n'a pas la forme naturelle

un étage

de l'herbe   un derrière   un pavé   une marche

un trottoir

est aussi grand qu'un homme. Il ne travaille
pas. Il ne va pas à l'école. Bilot *ignore* qu'il a

ignorer, ne pas savoir

seulement quinze ans.

– Pauvre femme!… a dit sa mère quand les nouveaux venus se sont installés dans la rue. Il paraît que son mari…

Puis, elle *s'est tue,* parce que Bilot écoutait. Pourquoi est-ce une pauvre femme? Il ne le sait pas.

– Regardez…

Cendron tire un *canif* de sa poche et enlève la terre entre deux pavés. Son canif a sept ou huit *lames,* un *poinçon,* un *tire-bouchon.*

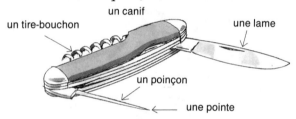

un canif
un tire-bouchon
une lame
un poinçon
une pointe

– A quoi sert cette *pointe*?
– A faire des trous dans les *cloisons*…
– Pourquoi?
– Parce que!
– A quoi ça sert de faire des trous dans les cloisons?
– A savoir ce qui se passe de l'autre côté…
– Tu as déjà fait des trous dans les cloisons?

---

s'est tue, du verbe se taire
une cloison, mur léger entre deux chambres

– Oui.

– Pour regarder quoi?

– Je ne peux pas le dire.

Et, de sa poche, il sort aussi une *loupe*.

– A quoi ça sert?

– A faire du feu.

– Et les allumettes?

– On n'a toujours des allumettes... Il peut arriver qu'on se trouve perdu dans le *désert*...

un désert

D'une autre poche, il a *extrait* un morceau de *lacet*.

– Voilà comment je fais du feu dans le désert.

Il gratte entre deux pavés secs et pose le bout du lacet dans le trou.

– Maintenant, vous allez voir.

La loupe *concentre* les *rayons* du soleil et

---

une loupe, un lacet, un rayon, voir illustration page 12
extraire, tirer
concentrer, réunir; mettre ensemble

une fumée   un lacet   un rayon   une loupe

bientôt une légère *fumée* monte du lacet.

   – Qui est-ce qui t'a appris ça?

   – Bilot!… appelle sa mère.

   – Je viens…

Mais il n'y va pas.

   – Qui t'a appris ça?

   – On nous apprend beaucoup d'autres choses.

– Où?

– A la *secrète*.

– Tu es de la police secrète?

– Il ne faut le répéter à personne. On ne doit pas le savoir.

– Qu'est-ce qu'on fait quand on est de la secrète?

– On *surveille*.

– On surveille qui?

– Tout le monde. Ainsi, je sais que toi, tu t'appelles Bastien. Ton père est un grand, avec une *moustache acajou*.

une moustache — une épaule

– Je sais même où il travaille.

– Dis-le!

– Rue de la Liberté, dans la grande maison qui a une *loggia*.

– Ce n'est pas vrai. Mon père travaille chez

---

secret, qui est connu de peu de personnes
surveiller, suivre ou regarder avec attention
acajou, d'une couleur à la fois brune et rouge
une loggia, voir illustration page 14

une loggia

Ducatel, rue Saint-Léonard.

– Comme tu veux. Je sais ce que je sais.

– Mais moi, je sais bien où mon père travaille. Je suis déjà allé le chercher à son bureau.

– A quelle heure rentre-t-il du bureau, ton père?

– A six heures et demie.

– Eh bien! hier, à six heures et quart, il sortait de la maison à loggia de la rue de la Liberté.

– Ce n'est pas vrai.

– Bilot!… Eh bien?… Tu viens?…

– Oui, maman…

On mange dans la cuisine. L'appartement a

seulement deux *pièces*, mais elles sont claires
et la fenêtre est ouverte. M. Bastien a enlevé
son *veston*.

– Cendron est un *menteur*!

un veston

---

une pièce, ici : chambre
un menteur, personne qui dit des choses qui ne sont pas vraies

On ne l'écoute pas, mais il continue :

– Il a voulu nous faire croire qu'il est de la secrète.

– Qu'est-ce que tu racontes?

– Mais ce n'est pas vrai, parce qu'il dit que tu travailles rue de la Liberté. Il fait des trous dans les cloisons pour surveiller les gens. Il dit qu'il a vu papa sortir de la maison qui a une loggia…

– Mange! lui dit son père.

Mais sa mère le questionne.

– Il a vu ton père sortir de quelle maison?

– La maison qui a une loggia. Tu sais, maman, la maison où il y a une femme en bleu…

On ne parle pas devant lui de la maison à loggia à cause de la femme en *peignoir* bleu.

un peignoir

Elle habite seule cette grande maison. On dit qu'elle reçoit des hommes.

– Répète-moi, Bilot, ce que Cendron…

– Hélène!

– Tais-toi!… Je parle à ton fils… Dis-moi, Bilot, quand est-ce que Cendron a vu ton père sortir de cette maison?

– Hier.

– A quelle heure?

– A six heures et quart…

– Charles… C'est vrai?

– Quoi?… Comment peux-tu croire…

– Tu es revenu directement du bureau?

– Mais… naturellement… Et ce garçon, il ne me connaît même pas…

Bilot *intervient* :

– Il m'a dit que tu étais un grand avec une moustache acajou…

– Qu'as-tu à répondre?

– Mais, Hélène…

– Tu es sûr que tu es rentré directement du bureau?… Depuis quand passes-tu par la rue de la Liberté?

– C'est le plus court…

Bilot reste seul dans la cuisine. Il entend *vaguement.*

– Quel jour sommes-nous?

– Mercredi. Pourquoi demandes-tu ça?

– Nous sommes le 24. Tu entends, Charles? Hier, c'était le 23 juin… la Saint-Félix. Et

---

intervenir, ici : prendre part à une conversation
vaguement, faiblement

tu es rentré à six heures et demie comme d'habitude! Et tu n'as rien *rapporté*!

Elle court dans la chambre et ferme la porte.

Il a dû partir pour son bureau. Mme Bastien et Bilot se sont promenés et sont passés plusieurs fois devant la maison à loggia de la rue de la Liberté.

Au dîner, rien n'a été dit. A huit heures, on a couché Bilot. Comme d'habitude, la porte est restée *entrouverte*.

Le temps passe et c'est seulement quand ils croient que l'enfant dort qu'ils commencent à parler.

– Ecoute, Hélène, parce qu'un *gamin* croit que...

– Et la Saint-Félix?

M. Ducatel s'appelle Félix. Chaque année, le jour de sa fête, ses quatre *employés* lui offrent un *objet d'art*. La petite cérémonie a toujours lieu à trois heures. Le *porto* et les cigares sont préparés sur la *cheminée* du bureau.

---

rapporter, apporter chez soi
entrouvert, peu ouvert
un gamin, une gamine, enfant
un employé, personne qui travaille, surtout dans un bureau
un porto, vin de liqueur portugais

des objets d'art

une cheminée

2*

M. Ducatel *remercie.* Chaque employé reçoit trois cigares, et chaque employé *marié* reçoit un paquet de chocolat. Et chaque année, les employés sont libres après la cérémonie.

Bilot, *assoupi* dans son lit, entend :

– Quand je pense que tu as donné à cette femme le chocolat de ton fils... Et tu as osé dire que tu étais resté au bureau, que...

– Ecoute, Hélène... Je te demande pardon... Je...

– Jamais, non, jamais, je ne...

Bilot dort.

Mme Bastien a pris l'habitude d'avoir les yeux rouges. Les repas sont *silencieux;* Charles essaie *parfois* d'*engager* la conversation.

Un matin, une grande voiture jaune et rouge s'arrête devant la maison. On *déménage.* On va habiter un autre quartier, tout près des bureaux de M. Ducatel, une rue *étroite* où des

---

remercier, dire merci
marié, qui a une femme
assoupi, qui dort à demi
silencieux, en silence; sans bruit
parfois, de temps en temps
engager, commencer
déménager, changer d'appartement ou de maison
étroit, pas très large

un tram

trams passent *sans cesse* et où Bilot ne peut pas jouer.

– Maintenant, on va te mettre à l'école.

Son père chantait, *jadis, en s'habillant.* Le soir, il prenait Bilot sur ses *épaules* et courait avec lui dans la cuisine.

C'est fini.

---

sans cesse, tout le temps; toujours
jadis, dans le temps passé; avant
en s'habillant, quand il mettait ses vêtements
une épaule, voir illustration page 13

Jadis, le vendredi de chaque semaine, il allait jouer aux cartes chez ses amis Plumier.

Il ne sort plus. Il lit son journal, de la première à la dernière ligne.

Bilot ne cherche pas à comprendre.

Mme Bastien a fait la connaissance d'une voisine, madame Rorive, qui avait eu un joli magasin d'œufs et fromages.

Elles passent des après-midi ensemble à *coudre* près de la fenêtre et à regarder passer les trams.

elles cousent

Quand Bastien rentre, elles se taisent. Mme Rorive ne le *salue* pas et *s'en va*.

---

saluer, dire bonjour
s'en aller, partir

On était si bien, rue Pasteur, avec des voisins qu'on connaissait. Dans le centre de la ville, où on habite maintenant, on ne connaît personne, seulement Mme Rorive.

Bilot *grandit*. Il va au *lycée*. Un jour, il a rencontré Renée, qui est devenue une grande fille.

– Pauvre Cendron!... Tu te rappelles?... Il est devenu tout petit, tout difforme et sa mère le promène dans une voiture... Nous le prenions pour un *diable*!

un diable

Bilot a maintenant dix-sept ans. Il s'est laissé *entraîner* par des amis dans un café où il y avait des femmes. Ils ont payé des *boissons*. Pas toutes. A la fin, ils n'avaient plus assez d'argent et Bilot a laissé sa montre en *gage*.

Bilot attend son père en face des bureaux

---

grandir, devenir grand
un lycée, ici : école pour les élèves de l'âge de 12 à 19 ans
entraîner, conduire; tirer
des boissons, voir illustration page 24
un gage, garantie; sûreté

des boissons

des boissons

de M. Ducatel. Les employés sortent.

– Qu'est-ce que tu fais ici, fils?

– Voilà, papa… C'est difficile à dire… Je suis dans une situation *effroyable*…

– Une femme?

Ils marchent côte à côte dans la rue.

– Je ne sais pas comment c'est arrivé…

– Combien?

– Cent cinquante francs… Je te demande pardon… Je te promets…

Son père lui donne les cent cinquante francs.

---

effroyable, terrible

– Surtout, ne dis rien à ta mère.

– Merci, papa.

Ils sont entre hommes, pour la première fois.

– Elle ne va pas comprendre… Un jour… Tu étais tout petit… Tu te rappelles Cendron?…

Bilot *rougit* sans savoir *au juste* pourquoi.

– Mais ta mère ne veut pas le croire, que c'était la première fois… Je passais… Je rentrais à la maison avec le paquet de chocolat de M. Ducatel… Elle était devant sa maison et le vent avait fermé sa porte… Elle m'a demandé…

Bilot ne sait plus où regarder et est descendu du trottoir.

– Attention au tram… J'ai essayé notre clef et j'ai réussi à ouvrir… Elle m'a invité à entrer un moment… Elle voulait m'offrir un verre de liqueur pour me remercier…

Ils sont en face de leur maison.

– Si tu es encore *embarrassé,* viens me voir au bureau…

Dans la cuisine Mme Bastien prépare le dîner. Elle regarde les deux hommes et dit :

---

rougir, devenir rouge
au juste, exactement; tout à fait
embarrassé, dans une situation difficile

– Quels mauvais *conseils* étais-tu en train de *donner* à ton fils?

– Nous nous sommes rencontrés *par hasard*... N'est-ce pas, Bilot?... Il me parlait du lycée...

Questions

1. Qui sont les trois poussins?
2. Qui est Cendron?
3. Qu'est-ce que les enfants pensent de Cendron?
4. Qu'est-ce qu'il raconte à propos du père de Bilot?
5. Pourquoi et comment est-ce que cette histoire change la vie de la famille Bastien?
6. Est-ce que Bilot aime le nouveau quartier?
7. Pourquoi est-ce que Bilot attend son père en face des bureaux de M. Ducatel?
8. M. Bastien est prêt à aider son fils?
9. Que pensez-vous de Mme Bastien?
10. Que pensez-vous de M. Bastien?

---

donner un conseil, expliquer ce qu'il faut faire
par hasard, sans l'avoir préparé ou prévu

LE MARI DE MÉLIE

– *Tripote* pas tous les poissons, ma petite.

La «petite», c'est la vieille *bonne* du *curé* de Saint-Jean, mais Mélie a l'habitude de *tutoyer* tout le monde. Elle prend sur la table un *quartier* de *raie*, le *soulève*, jette un coup d'œil dans la rue.

– Je te mets ce morceau…

Mélie le pose sur la *balance* et l'*enveloppe* dans du papier.

un curé

C'est la troisième fois que Mélie est *dérangée* depuis une demi-heure qu'elle s'est mise à

---

tripoter, toucher avec la main pour bien étudier ou examiner
une bonne, femme qui fait le ménage pour qn d'autre
tutoyer qn, dire tu à qn
un quartier, ici : environ un quart
une raie, une balance, voir illustration page 28
soulever, lever un peu
envelopper, couvrir; emballer
déranger qn, lui faire arrêter ce qu'il est en train de faire

une raie   une balance

table. Il est neuf heures du soir. Il y a longtemps que les Fleurisson, qui ont le magasin
de *parapluies* d'en face, ont *baissé* leurs *volets* et
installé leurs chaises sur le trottoir de la rue
Saint-Jean. On se demande comment ils peu-

---

baisser, descendre

un parapluie

vent rester ainsi toute la soirée à regarder droit devant eux.

– Au revoir, madame Mélie…

– Au revoir, ma vieille.

Maintenant, c'est la quatrième fois. Elle l'attend depuis cinq heures de l'après-midi,

un volet

depuis qu'il s'est montré pour la première fois dans la rue. Il ne fait même pas tout à fait noir, et en face, la tête de bois de M. Fleurisson et la tête de sa fille sont comme au théâtre.

– Entre…

– Je te demande pardon… Tu étais à table…

Nicolas semble chercher autour de lui les *traces* d'un *successeur.*

– Tu as reçu mon dernier *mandat?*

Et Mélie, qui *est* plus *à son aise* depuis qu'elle a fermé la porte aux *rideaux,* répond :

– Tu sais bien que tu n'as jamais envoyé de mandat!… Tu as dîné?… Assieds-toi… Mange…

Il est tellement le même que cela l'*exaspère* et qu'elle lui arrache des mains sa *canne* et sa serviette qu'il a toujours *traînées* avec lui.

Depuis vingt-six ans!

Quand il se disait journaliste, parce qu'il écrivait parfois un petit article pour le journal

---

une trace, marque, signe, chose laissés par qn
un successeur, personne qui prend la place d'une autre
un mandat, argent envoyé par la poste
être à son aise, se sentir bien
exaspérer, irriter; énerver
traîner, avoir partout avec soi

un rideau

une canne

local, il avait une *barbe* et il ne portait pas les vêtements de tout le monde.

Il n'a plus de barbe, et il doit avoir un *dentier*. Il n'a toujours pas les vêtements de tout le monde.

– Amélie, je t'ai envoyé un mandat, de Saint-Moritz, en Suisse, il y a… il y a deux

une barbe   un dentier

ans… Je n'avais pas ton adresse exacte, mais je l'ai adressé rue Saint-Jean…

On sonne dans la *poissonnerie*. Elle va servir la cliente et ferme la porte à clef.

Elle n'a pas peur… seulement un tout petit peu… Elle rentre dans la cuisine… Elle regarde le tiroir de la table où se trouve son argent… Il n'a pas osé *y* toucher, ou bien il ne sait pas…

Jadis, quand il y avait seulement trois cent dix francs à la maison, ou plutôt dans leur chambre d'hôtel, il n'a pas *hésité à* prendre les trois cent dix francs, et elle a trouvé au fond

---

une poissonnerie, magasin de poissons
y, ici : à l'argent
hésiter à, avoir peur de; ne pas oser

du tiroir deux *sous* et une lettre.

Ma chère Amélie.

A cause d'une affaire très importante je dois partir sans attendre ton retour. Tu peux *avoir confiance* : je *reviendrai* et je reviendrai riche…

Il y a vingt-six ans de cela et il n'est jamais revenu. Elle a appris, *le lendemain,* qu'il était parti pour l'Algérie avec une petite *chanteuse.*

– Qu'est-ce que tu faisais, à Saint-Moritz?

– J'étais dans un grand hôtel.

– Comme directeur?

– C'est-à-dire que j'étais le *collaborateur* du directeur…

Ou *laveur de vaisselle!* Avec Nicolas…

– Tu *es de passage?*

– *Cela dépendra…*

– Tu as parlé à quelqu'un de la rue Saint-Jean?

---

un sou, cinq centimes
avoir confiance, compter sur qn
reviendrai, vais revenir
le lendemain, le jour après
une chanteuse, femme qui chante
un collaborateur, qn qui travaille avec une ou plusieurs autres personnes
un laveur de vaisselle, voir illustration page 34
être de passage, ne pas rester longtemps
cela dépendra, peut-être

La rue aux trois poussins 3

un laveur de vaisselle

– Non… Pourquoi?

Mélie prépare une tasse de café. Cela l'occupe.

– Parce que tu es mort!

– Tu dis?

– Je dis que j'ai préféré raconter aux gens que tu étais mort…

– Je comprends.

– Qu'est-ce que tu comprends?

Il regarde de nouveau autour de lui. Mélie *hausse* les épaules.

– Dis donc, Nicolas, tu ne comptes pas rester ici, par hasard?

– C'est-à-dire…

---

hausser, lever; monter

– Tu es *raide*?

Sa main *tremble* un peu. C'est l'âge, sans doute. Il va avoir cinquante-cinq ans et peut-être a-t-il commencé à boire?

– Réponds! tu es raide?

– Pour le moment je ne peux pas dire que...

Alors, elle prend sa serviette et l'ouvre. Elle *contient* une chemise sale, une vieille *paire de pantoufles,* un *morceau de savon* et une *brosse à dents* dans un bout de journal.

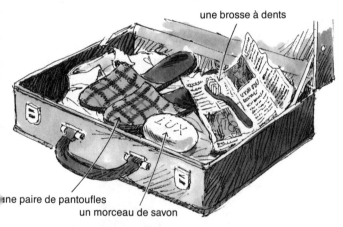

une brosse à dents

une paire de pantoufles

un morceau de savon

– Laisse voir ta montre...

Jadis, quand il rentrait sans sa montre...

---

raide, ici : sans argent
trembler, faire de petits mouvements
contenir, avoir en soi

– Ecoute, Amélie… Je viens d'avoir un coup dur… Mon *associé* est parti avec…

– Avec la *caisse* qui n'existait pas.

– Tu me parles comme si…

– Comme si je te connaissais, n'est-ce pas?

Avant, elle l'*admirait.* C'était presque une gamine des rues, une gamine qui travaillait au marché au poisson. Il était, lui, un monsieur, le fils du directeur d'une usine.

Plus tard, elle croyait tout ce qu'il lui disait. Quand ils vivaient à Paris, elle se laissait *dicter* des lettres à sa mère pour demander de l'argent.

Elle a, elle-même, reçu des lettres *pareilles,* plusieurs années après son départ. Et elle lui a envoyé de l'argent.

– Tu *es au bout de ton rouleau,* n'est-ce pas?

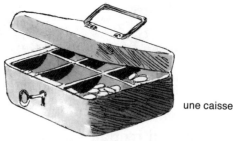

une caisse

---

un associé, collaborateur; compagnon; partenaire
admirer, regarder avec beaucoup de plaisir et de respect
dicter, dire des mots qu'une autre personne doit écrire
pareil, de même sorte
être au bout de son rouleau, n'avoir plus d'argent, plus d'énergie

36

Il porte la main à sa *poitrine* et dit :

– C'est le cœur… Le médecin dit…

– Alors, tu as pensé venir vivre ici…

– Mon Dieu, je…

– Eh bien! mon ami, ce n'est pas possible…
Je t'ai déjà dit que tu étais mort…

Nicolas, les yeux sur sa tasse vide, tire de sa
poche quarante sous qu'il pose sur la table.

Elle a compris. C'est tout ce qui lui reste.

– Eh bien? dit-elle.

– Rien… Je croyais…

– Et tu avais seulement peur d'une chose :
c'est de trouver un autre homme dans la maison! C'est pour ça que tu *rôdes* depuis cinq
heures de l'après-midi… Je t'ai bien vu!… Je
t'attendais ce soir… Mais je ne peux raconter
aux gens du quartier que tu as *ressuscité*… Tu
comprends?… *D'ailleurs,* il n'y a pas place

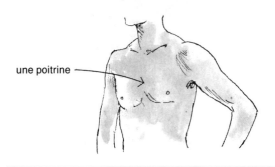

une poitrine

---

rôder, aller un peu partout, au hasard
ressusciter, être de nouveau vivant
d'ailleurs, du reste

dans la maison pour un homme qui passe ses journées à ne rien faire...

– Je suis prêt à...

– A travailler?... Tu *n'as qu'à* remplacer le père Loiseau...

Il y a donc eu un homme dans la vie de sa femme?

– Le père Loiseau, qui est mort à l'automne, était un vieux de soixante-douze ans... Il couchait là, dans le *cagibi*... C'était lui qui faisait la chine...

Elle explique :

– ...Qui vendait le poisson dans les rues avec la *charrette*...

une charrette

un brancard

– Alors?

– J'accepte...

– Tu couches dans le cagibi... A six heures, tu vas ouvrir les volets et je vais t'apprendre à

---

n'avoir qu'à, devoir seulement
un cagibi, pièce de dimensions étroites

arranger les poissons sur la charrette… Tu ne peux pas faire la chine dans ce *costume*… Demain matin, je vais te donner les *frusques* du père Loiseau… Bois encore un verre et va te coucher… Je me lève à cinq heures…

un costume

La porte de la chambre ne ferme pas à clef. Mélie n'a pas peur des voleurs. Nicolas est dans le cagibi et parfois on l'entend se retourner.

Mélie s'éveille alors qu'un *coq* chante dans une cour.

un coq

---

les frusques (f), mauvais vêtements

– Nicolas!...

– Il est l'heure? dit-il, pas tout à fait réveillé.

– Tiens! voici les vêtements de Loiseau...
Voilà son dentier... il l'a enlevé pour dormir...

Elle allume le feu et prépare le café. Le voilà qui descend en *sabots*. Il ne sait où se mettre. Il n'est déjà plus le mari, mais le successeur du père Loiseau.

– Qu'est-ce que je dois faire?

– Attends d'avoir bu ton café...

– Tu sais, Amélie... Le mandat de Suisse...

– Mais oui, mon vieux... Prends le pain dans le *placard*...

Les vêtements de Loiseau sont trop larges pour lui, trop courts. Il *traîne* ses sabots pour ne pas les perdre.

Il y a du soleil. La rue commence à s'éveiller.

– Pour la première fois, je vais te mettre une gamine qui connaît les clientes...

Mélie, qui pense à tout, ajoute :

– Comme il faut avoir un nom, tu vas dire que c'est Jules... Les gens vont t'appeler le

---

traîner, tirer après soi

un placard

un sabot

père Jules... Tu ne vas plus m'appeler Amélie, mais Mélie, comme tout le monde... La
petite va arriver... Pousse la charrette au
bord du trottoir...

Il se met dans les *brancards*. Une fois encore il porte la main à sa poitrine. C'est *fait exprès?* Il *est capable de* tout. C'est dans sa nature.

– Soulève encore les brancards…

Il sourit. Un sourire qui, à cause du dentier et de son visage qu'elle voit pour la première fois sans barbe, est plus *pitoyable* que tout.

– Arrête…

Il s'étonne, se retourne, continue de sourire…

– Va te *rhabiller*.

– Mais…

– Dans cinq minutes, oui, tout mon poisson va être par terre… Va te rhabiller…

Il traverse la cuisine pour aller dans le cagibi où sont restés ses vêtements.

Mélie va ouvrir les volets de la poissonnerie. Les poissons prennent leur place sur les tables.

Léontine, la gamine qui fait la chine depuis la mort de Loiseau, prend son travail. Elle n'est pas encore partie quand Nicolas apparaît, et elle le regarde des pieds à la tête, *per-*

---

un brancard, voir illustration page 38
fait exprès, voulu; intentionnel
être capable de, pouvoir; être en état de
pitoyable, malheureux; misérable
se rhabiller, mettre de nouveau ses vêtements

suadée que sa *patronne…*

Le grand *imbécile* avec sa serviette et sa canne dit avec une mélancolie qu'il veut souriante :

– Je m'en vais… *Adieu,* Amélie…

– Viens ici, imbécile…

Il *hésite*. Elle attend. Et il vient enfin.

– Tu te rappelles chez Valabelle?

– Ce n'est pas le café près du Marché?

– Valabelle est mort. Sa fille tient l'*auberge…* Tu lui dis que tu viens de chez moi et qu'elle te donne la chambre au second étage…

Il *hoche la tête* en homme qui ne peut accepter. Mais, en même temps, sa main *tâte* la poche où il y a seulement quarante sous.

– Tu n'as qu'à raconter que tu es mon cousin et que c'est moi qui paie…

Les clientes vont arriver. Mélie ouvre son tiroir-caisse, prend cent francs…

– Tiens, tu vas lui donner ça…

---

persuadé, sûr; certain
un patron, une patronne, chef
imbécile, bête; idiot
adieu, au revoir (à qn qu'on ne doit pas revoir pendant quelque temps ou même qu'on ne doit plus revoir)
hésiter, attendre sans savoir quoi faire
une auberge, maison simple où on peut loger et manger
hocher la tête, ici : faire signe que non
tâter, toucher avec attention

Il a compris. Il hésite.

– Maintenant, va-t-en!… J'ai mon travail…

– Tu sais, Amélie, pour le mandat…

Nicolas s'en va. A la porte, il dit :

– Je reviendrai…

Mais oui! Mais oui! Mélie a autre chose à faire pour le moment…

Questions

1. Quel est le travail de Mélie?
2. Qui arrive?
3. Pourquoi est-ce que Mélie n'est pas à son aise?
4. Nicolas, quand et comment est-il parti?
5. A-t-il changé?
6. Est-ce que Nicolas avait donné signe de vie à Mélie depuis son départ?
7. Est-ce que Mélie veut qu'il reste?
8. Que pensez-vous de Nicolas?
9. Que pensez-vous de Mélie?

TABLE DES MATIERES

—